RÉPUBLIQUE FRANÇAISE.

MINISTÈRE DE LA GUERRE.

INSTRUCTION DU 10 MARS 1930

POUR LA

NOMINATION AUX PLACES D'ENFANT DE TROUPE

DANS LA FAMILLE

L'ADMISSION AUX ÉCOLES MILITAIRES PRÉPARATOIRES

ET A

L'ÉCOLE MILITAIRE ENFANTINE HÉRIOT

CHARLES-LAVAUZELLE & Cie
Editeurs militaires
PARIS, Boulevard Saint-Germain, 124
LIMOGES, 62, Avenue Baudin | 53, Rue Stanislas, NANCY

1930

RÉPUBLIQUE FRANÇAISE

MINISTÈRE DE LA GUERRE.

Direction de l'Infanterie; Cabinet du Directeur.

Instruction pour la nomination aux places d'enfant de troupe dans la famille, l'admission aux Ecoles militaires préparatoires et à l'Ecole militaire enfantine Hériot.

Documents abrogés : *Instruction du 10 octobre 1901 pour les nominations aux places d'enfant de troupe et l'admission dans les Ecoles militaires préparatoires et à l'Ecole militaire enfantine Hériot.*

Classement à l'édition méthodique : *Volume 322; page 20.*

Paris, le 10 mars 1930.

OBSERVATIONS PRÉLIMINAIRES.

Article 1er. La présente instruction abroge et remplace l'instruction du 10 octobre 1901 et toutes les dispositions antérieures relatives à la nomination et à l'administration des enfants de troupe laissés dans leurs familles, ainsi que celles concernant l'admission des candidats aux écoles militaires préparatoires et à l'école militaire enfantine Hériot.

Elle est applicable aux militaires et anciens militaires de l'armée métropolitaine, de l'armée coloniale, de l'armée de mer et des forces aériennes.

Sauf indication contraire, les généraux commandants supérieurs des troupes de Tunisie, du Maroc, du Levant, le général commandant supérieur des troupes coloniales dans la métropole et les commandants supérieurs des troupes aux colonies ont les mêmes attributions que celles prévues dans la présente instruction pour les généraux commandants les régions de corps d'armée.

TITRE Ier.

Admission aux places d'enfants de troupe.

CHAPITRE Ier.

Conditions d'admission et transmission des demandes.

Article 2. L'admission à la qualité d'enfant de troupe dans la famille est réservée exclusivement aux fils, légitimes ou naturels reconnus, de soldats, caporaux ou brigadiers, sous-officiers, officiers, jusqu'au grade de capitaine inclusivement ou assimilés et aux fils d'officiers supérieurs ou assimilés décédés. Ces dispositions s'appliquent également aux fils des indigènes musulmans, indigènes israélites ou qui appartiennent à des familles françaises par naturalisation, mais d'origine musulmane ou israélite.

Les fils des militaires retirés du service ne peuvent être admis qu'autant que leur père est, ou a été, en possession d'une retraite d'ancienneté de services, d'une retraite proportionnelle, d'une pension de réforme, temporaire ou définitive, pour blessure, infirmité ou maladie survenue par le fait ou à l'occasion du service, ou qu'il a accompli, par engagement ou rengagement, au moins cinq années de service au delà de la durée légale. Les fils d'officiers, de sous-officiers ou d'hommes de troupe portés comme disparus au cours d'une campagne de guerre sont admis à concourir aux places d'enfants de troupe sous la réserve que ces admissions ne seront prononcées qu'à titre provisoire et seront susceptibles de résolution ou de confirmation, suivant que la disparition du père prendra fin par son retour ou par la déclaration de son décès.

Article 3. Nul ne peut être admis à la qualité d'enfant de troupe s'il n'est âgé de 2 ans au moins et de 13 ans au plus au 1er août de l'année d'admission.

Les enfants de troupe nés du 1er août au 31 juillet de l'année suivante sont classés dans une même série désignée par une lettre.

Article 4. Les demandes d'admission, établies obligatoirement par les parents ou tuteurs, sont adressées chaque année avant le 15 juin, dernier délai, et de préférence au mois de mai, aux autorités indiquées ci-dessous :

1° Pour les fils de militaires en activité de service, au président du conseil d'administration du corps ou de l'unité auquel appartient le père;

2° Pour les fils de militaires appartenant à une formation non pourvue de conseil d'administration, hiérarchiquement au général commandant la région de corps d'armée ou au général commandant supérieur des troupes pour l'armée métropolitaine et les forces aériennes; au général commandant supérieur des troupes coloniales dans la métropole ou au commandant supérieur des troupes dans la colonie pour l'armée coloniale;

3° Pour les fils de militaires de l'armée de mer, directement aux corps de la marine intéressés;

4° Pour les fils de militaires ayant appartenu à l'armée métropolitaine, à l'armée de mer, aux forces aériennes, au général commandant la région sur le territoire de laquelle la famille réside, soit directement, soit par l'intermédiaire de l'autorité militaire locale ou de la gendarmerie;

5° Pour les fils de militaires ayant appartenu à l'armée coloniale, au général commandant supérieur des troupes coloniales dans la métropole ou au commandant supérieur des troupes dans la colonie;

6° Pour les fils de militaires ayant appartenu à l'armée de terre, aux forces aériennes ou à l'armée de mer et domiciliés dans une colonie, aux commandants des compagnies ou des détachements de la gendarmerie coloniale;

7° Les demandes formées par des surveillants militaires des établissements pénitentiaires coloniaux sont adressées directement au général commandant la région, ou au commandant supérieur des troupes; mais, cet emploi n'ouvrant aucun droit spécial pour l'admission à la qualité d'enfant de troupe dans la famille, elles ne sont instruites que si le pétitionnaire se trouve dans l'une des conditions énumérées à l'article 2.

Article 5. Les demandes d'admission doivent être établies conformément au modèle n° 1, signées par le père, à défaut par la mère ou le tuteur du candidat. Les demandes doivent être accompagnées des pièces suivantes :

1° Un certificat (modèle n° 2) délivré par le maire de la commune où la famille est domiciliée indiquant exactement les moyens d'existence, le nombre d'enfants et les autres charges des parents. Ce certificat doit, en même temps, donner des renseignements sur la moralité de la famille. Il est délivré par le conseil d'administration lorsque le père est en activité de service;

2° Un bulletin de mariage des parents;

3° Un bulletin de naissance de l'enfant;

4° Un état signalétique et des services du père;

5° Une déclaration (modèle n° 3) d'un médecin militaire ou d'un médecin civil conventionné par le service de santé, attestant que l'enfant a eu la petite vérole ou qu'il a été vacciné et qu'il n'est atteint d'aucune infirmité pouvant l'empêcher plus tard de contracter un engagement volontaire.

CHAPITRE II.

INSTRUCTION ET CLASSEMENT DES DEMANDES.

Article 6. Les généraux commandant les régions font instruire par des corps ou unités pourvus d'un conseil d'administration toutes les demandes qui leur sont adressées soit directement, soit hiérarchiquement. Pour l'instruction de ces demandes, ils désignent, en principe, le conseil d'administration de l'unité la plus proche du domicile de la famille.

Les demandes d'admission des fils de militaires ayant appartenu aux forces aériennes peuvent être instruites par les conseils d'administration de l'armée métropolitaine. Par réciprocité, les conseils d'administration des unités des forces aériennes peuvent être chargés d'instruire les demandes d'admission des fils de militaires n'ayant pas appartenu à l'aéronautique terrestre ou maritime.

Les demandes établies par les anciens militaires de l'armée métropolitaine ou des forces aériennes et qui sont domiciliés aux colonies, sont instruites par les conseils d'administration des compagnies ou détachements de la gendarmerie coloniale.

Article 7. Les conseils d'administration s'assurent que les formalités prescrites sont remplies et que les pièces à produire sont au complet. Ils réclament celles qui manqueraient et établissent un mémoire de proposition (modèle n° 4), qu'ils adressent hiérarchiquement, avec les pièces énumérées à l'article 5, pour le 1er juillet, au général commandant la région ou au général commandant supérieur des troupes coloniales dans la métropole.

Les commandants supérieurs des troupes aux colonies fixent la date à laquelle les demandes doivent leur être adressées, de manière que leurs propositions parviennent au Ministre de la guerre (Direction des troupes coloniales) pour le 1er août.

Les dossiers des demandes instruites par les conseils d'administration des unités de la gendarmerie coloniale, que ces demandes aient été formées par un militaire en activité de service dans la compagnie ou le détachement ou par un ancien militaire domicilié dans la colonie, sont adressées au Ministre des colonies (Direction des Services militaires). Celui-ci les transmet au Ministre de la guerre (Direction de l'Infanterie) pour le 1er août au plus tard.

Les dossiers concernant les candidats dont le père ne remplirait pas les conditions prescrites à l'article 2 sont adressés, dans le plus bref délai, avec un rapport du président du conseil d'administration, au général commandant la région. Il appartient à ce dernier de faire renvoyer à la famille les pièces qu'elle aura produites et de lui faire connaître les motifs qui s'opposent au classement de la demande.

Sauf cas exceptionnel, les demandes remises tardivement ne sont pas transmises.

Article 8. Les demandes d'admission sont examinées et classées, dans chaque région ou commandement supérieur des troupes métropolitaines ou coloniales, par une commission nommée par le général commandant la région ou par le commandant supérieur des troupes et comprenant :

— un colonel ou lieutenant-colonel, président;
— deux commandants ou assimilés;
— deux capitaines ou assimilés.

Ces officiers sont choisis, autant que possible, parmi les officiers résidant au chef-lieu de la région ou du commandement supérieur des troupes.

Article 9. Les titres des candidats sont appréciés et résumés, par chacun des membres de la commission, au moyen d'une note numérique représentée par un nombre entier de 0 à 20. Le total des cotes attribuées à chaque proposition détermine l'ordre de mérite sur la liste de classement. Lorsque plusieurs enfants obtiennent le même nombre de points, la priorité est déterminée par l'âge des candidats.

Article 10. Le classement, pour la nomination aux places d'enfant de troupe, n'a lieu qu'une fois par an. Le classement de la commission, établi conformément au modèle n° 5, est transmis par le général commandant la région et doit parvenir le 1er août au plus tard, au ministère de la guerre (Direction de l'Infanterie pour l'armée métropolitaine, les forces aériennes et les réservistes de l'armée de mer; Direction des troupes coloniales pour l'armée coloniale).

Les dossiers des candidats ne sont pas adressés au Ministre.

CHAPITRE III.

NOMINATIONS.

Article 11. Le Ministre de la guerre prononce les admissions aux places d'enfant de troupe dans la famille d'après l'ordre de classement des commissions régionales. Il désigne les conseils d'administration qui devront procéder à l'immatriculation des enfants de troupe de la gendarmerie coloniale.

Les généraux commandant les régions ou commandants supérieurs des troupes, le général commandant supérieur des troupes coloniales dans la métropole, les commandants supérieurs des troupes aux colonies désignent les conseils d'administration qui seront chargés de l'immatriculation des autres enfants de troupe.

Les fils des militaires en activité de service, armée de mer exceptée, sont immatriculés sur les contrôles du corps d'affectation de leur père. Les autres enfants sont immatriculés, en principe, sur les contrôles de l'unité la plus proche du domicile des parents.

Les fils des militaires ayant appartenu à l'aéronautique terrestre peuvent être immatriculés sur les contrôles des corps et unités de l'armée métropolitaine. Réciproquement, les fils des militaires ayant appartenu à l'armée métropolitaine peuvent être immatriculés sur les contrôles des corps et unités de l'aéronautique terrestre.

Les fils de militaires ou d'anciens militaires de l'armée de mer ou de l'aéronautique maritime sont obligatoirement immatriculés sur les contrôles de corps ou unités de l'armée métropolitaine ou de l'aéronautique terrestre.

Article 12. Les dossiers des candidats admis comme enfants de troupe sont adressés aux conseils d'administration, qui procèdent à l'immatriculation des intéressés, envoient aux familles une copie de la décision ministérielle prononçant l'admission et les informent de l'allocation à laquelle elles auront droit suivant l'âge de l'enfant.

Les conseils d'administration des compagnies ou détachements de la gendarmerie coloniale sont informés de la décision du Ministre de la guerre, par l'intermédiaire du Ministre des colonies.

Les généraux commandant les régions renvoient aux familles, par l'intermédiaire des conseils d'administration qui ont instruit les demandes, les dossiers des enfants non admis et font connaître aux parents le motif pour lequel il n'a pu être donné suite à ces demandes.

Article 13. Les diverses communications et transmissions des pièces sont faites par l'intermédiaire des maires.

TITRE II.

Administration des enfants de troupe.

CHAPITRE IV.

PAYEMENT DES ALLOCATIONS.

Article 14. Les enfants de troupe sont laissés dans leur famille jusqu'au moment de leur mise en route sur une école militaire préparatoire. Ils ne touchent aucune ration de vivres, mais les familles reçoivent les allocations annuelles suivantes :

Cent francs pour les enfants de 2 à 5 ans;
Cent cinquante francs pour les enfants de 5 à 8 ans;
Cent quatre-vingts francs pour les enfants de 8 à 13 ans.

Article 15. Les allocations sont payées sur les fonds de la solde, par les soins des conseils d'administration, pour tous les enfants inscrits sur les contrôles.

Le payement en est effectué aux parents ou tuteurs par trimestre et à terme échu. En cas de divorce ou de séparation de corps, l'allocation est payée à la mère si la garde de l'enfant lui a été confiée. Il en est de même lorsque, par application de la loi du 7 février 1924 réprimant le délit d'abandon de famille, elle a obtenu, même au cours du mariage, une pension alimentaire. Toutes les fois que la mère, non tutrice de l'enfant, en a la garde et perçoit l'allocation, elle doit signer la demande d'admission n° 1, même si cette formalité a déjà été accomplie par le père.

Les conseils d'administration des corps de troupe et des unités dépendant du ministère de l'air payent les allocations aux familles des enfants de troupe inscrits sur leurs contrôles. Par réciprocité, les conseils d'administration des corps de troupe et unités de l'armée métropolitaine payent les allocations aux familles des enfants de troupe inscrits sur leurs contrôles, même si le père a appartenu aux troupes dépendant du ministère de l'air.

L'allocation à payer à la fin de chaque trimestre doit être décomptée à raison d'un quart de l'indemnité annuelle pour les enfants de troupe qui figurent sur les contrôles pendant tout le trimestre. Elle est décomptée à raison de 1/360e par jour pour ceux qui ont été inscrits sur les contrôles ou en ont été rayés pendant le trimestre ou qui ont acquis, pendant cette période, des droits à une allocation plus élevée.

Article 16. Le payement de l'indemnité doit être continué sans interruption jusqu'au jour fixé pour la mise en route des enfants de troupe sur les écoles militaires préparatoires, sur l'école militaire enfantine Hériot, ou jusqu'au jour de la radiation des contrôles.

CHAPITRE V.

VOYAGE EN CHEMIN DE FER. — HOSPITALISATION. — MUTATIONS. RADIATIONS.

Article 17. Afin de permettre aux enfants de troupe voyageant en chemin de fer de profiter des réductions de prix accordées aux militaires, il peut être délivré, sur la demande des parents ou tuteurs, une feuille de déplacement sans indemnité.

Les demandes sont adressées à l'intendant militaire le plus voisin du domicile ou de la résidence de la famille, par l'intermédiaire du commandant d'armes ou du chef de la brigade de gendarmerie. Elles doivent être accompagnées d'une copie légalisée de la décision qui a prononcé l'admission à la qualité d'enfant de troupe.

Le bénéfice du voyage en chemin de fer, au tarif militaire, n'est plus accordé aux enfants rayés des contrôles des enfants de troupe.

Article 18. Les enfants de troupe sont admis dans les hôpitaux militaires, à la charge du Département de la guerre, conformément aux dispositions de l'article 196 du règlement du 25 novembre 1889 sur le service de santé (*Bulletin officiel*, édition méthodique, volume 80).

Article 19. En cas de changement de domicile, la famille ou le tuteur en informe les maires de l'ancienne et de la nouvelle demeure, lesquels en donnent avis, sans retard, aux conseils d'administration.

Cette disposition s'applique également aux familles des enfants de troupe astreints à un remboursement, parce que l'intéressé n'a pas contracté un engagement volontaire de cinq ans. Elles sont, en outre, tenues de fournir, le moment venu, la justification de cet engagement ou, à défaut, un certificat délivré par le commandant du bureau de recrutement, constatant que ledit engagement a été refusé pour inaptitude physique.

Les maires font connaître aux conseils d'administration le décès des enfants ou des parents, les changements survenus dans la tutelle et, en cas de divorce ou de séparation de corps, le conjoint à qui la garde de l'enfant de troupe a été confiée.

Article 20. Sont rayés des contrôles et cessent d'avoir droit aux allocations :

1° Les enfants de troupe signalés pour leur mauvaise conduite et ceux qui seraient condamnés à une peine en matière criminelle ou correctionnelle;

2° Les enfants auxquels surviendraient, après leur admission, des infirmités les rendant impropres au service militaire.

Les radiations sont prononcées par les présidents des conseils d'administration, sauf celles pour inconduite, qui sont soumises à la décision des généraux commandant les régions. Ces derniers sont renseignés, suivant le cas, par les maires ou par les conseils d'administration.

Article 21. Au 1er juillet de chaque année, les présidents des conseils d'administration des corps et unités de toutes armes adressent aux généraux commandant les régions un état portant au recto, numériquement, l'effectif des enfants de troupes figurant sur les contrôles (ceux qui ouvrent encore des droits aux allocations de la loi du 19 juillet 1884 à l'exclusion de tous autres) et au verso, nominativement, les mutations survenues depuis le 1er juillet de l'année précédente (modèle n° 6). Ces situations, accompagnées d'un état numérique récapitulatif pour toute la région, sont transmises au Ministre de la guerre, le 1er août (Direction de l'Infanterie, pour l'armée métropolitaine, et les forces aériennes, Direction des troupes coloniales pour l'armée coloniale).

Les situations établies par les compagnies et détachements de la gendarmerie coloniale sont adressées, dans le moindre délai possible, au Ministre des colonies (Direction des Services militaires), qui les transmet au Ministre de la guerre (Direction de l'Infanterie), pour le 1er août.

Article 22. Les mutations à l'intérieur de la région ou du commandement supérieur, des enfants de troupe inscrits sur les contrôles ou sur le carnet spécial des unités, sont prononcées par le général commandant la région ou par le commandant supérieur des troupes, sur demande des familles transmise par les conseils d'administration ou sur la proposition de ceux-ci.

Les mutations entre deux régions ou commandements supérieurs sont prononcées, après entente entre les deux autorités régionales, par le général commandant la région ou par le commandant supérieur de qui dépend le nouveau corps d'immatriculation.

Les mêmes dispositions sont applicables en cas de dissolution de corps de troupe.

TITRE III.

Admission dans les Ecoles militaires préparatoires.

CHAPITRE VI.

ENFANTS DE TROUPE ATTEIGNANT L'AGE FIXÉ POUR ENTRER DANS LES ÉCOLES.

Article 23. Les conditions d'admission aux écoles militaires préparatoires, au titre de la loi du 19 juillet 1884, sont les mêmes que celles indiquées à l'article 2 de la présente instruction

En outre, les enfants doivent avoir 13 ans révolus et moins de 14 ans au 1er août de l'année de leur admission et être titulaires du certificat d'études primaires.

Toutefois, sur la demande des parents, les enfants âgés de moins de 13 ans peuvent être admis dans les écoles au 1er octobre qui suit l'obtention du certificat d'études primaires.

En ce qui concerne les enfants ayant commencé leurs études secondaires, le certificat d'études est remplacé par une *attestation légalisée* du directeur de l'établissement, constatant que le candidat est apte à entrer en classe de cinquième au mois d'octobre (*ce document est toujours adressé au Ministre, Direction de l'Infanterie ou Direction des troupes coloniales, avec le travail de la commission de classement*). Les candidats astreints à subir un examen de passage en octobre ne peuvent être admis que s'ils sont reconnus aptes à entrer en cinquième à la suite de cet examen.

L'attention des parents doit être attirée sur les avantages que présente, pour les études ultérieures des enfants, leur admission aux écoles militaires préparatoires dès qu'ils possèdent le certificat d'études ou dès qu'ils sont aptes à entrer en classe de cinquième.

Article 24. Chaque année, au mois d'avril, les conseils d'administration, après avoir recherché sur les contrôles les enfants de troupe des séries qui peuvent entrer dans les écoles militaires préparatoires au mois d'octobre suivant, invitent les parents ou tuteurs à produire une déclaration conforme au modèle n° 7.

A cette déclaration qui devra être adressée au conseil d'administration avant le 1er juin, les familles devront joindre un nouveau certificat d'aptitude physique (modèle n° 3), établi par un médecin militaire ou par un médecin civil conventionné par le service de santé.

La copie certifiée du certificat d'études primaires ou l'attestation du directeur de l'établissement d'enseignement secondaire, prévue à l'article 22, est envoyée dès que possible au conseil d'administration qui a instruit la demande d'admission. Celui-ci transmet directement au Ministre (Direction de l'Infanterie ou Direction des troupes coloniales) les certificats et attestations qui lui parviennent après l'envoi des dossiers au général commandant la région.

Article 25. En cas de refus, par les familles, de produire le certificat d'aptitude physique et la déclaration modèle n° 7, ou faute de les avoir produites pour le 1er juin, les enfants de troupes sont rayés des contrôles à la date du 1er juillet par les généraux commandant les régions et inscrits au carnet spécial du corps.

Toutefois, comme quelques-uns de ces enfants sont orphelins ou dans une situation de tutelle mal définie, ces officiers généraux ne prononceront aucune radiation sans avoir préalablement fait constater par une enquête locale, les motifs réels du refus ou de la non-production des pièces. Il devront toujours soumettre à la décision du Ministre les cas qui leur paraîtraient ne pas devoir comporter la radiation des contrôles.

Les enfants de troupe qui atteignent l'âge d'admission aux écoles militaires préparatoires, mais qui n'y sont pas admis parce qu'ils ne satisfont pas aux conditions d'instruction exigées, sont rayés des contrôles des corps le 1er octobre et inscrits au carnet spécial.

Article 26. Les demandes d'admission aux écoles militaires préparatoires sont examinées et classées, dans chaque région ou commandement supérieur des troupes, par la commission prévue à l'article 8 et dans les mêmes conditions que les demandes des candidats enfants de troupe.

Les tableaux de classement, conformes au modèle n° 8, doivent parvenir au Ministre (Direction de l'Infanterie ou Direction des troupes coloniales) le 1er août au plus tard.

CHAPITRE VII.

ADMISSION DES CANDIDATS NON ENCORE ENFANTS DE TROUPE.

Article 27. Les enfants qui ne sont pas encore enfants de troupes, mais qui remplissent l'une des conditions énumérées à l'article 2 et qui satisfont aux conditions de l'article 23 en ce qui concerne leur degré d'instruction, peuvent être admis dans les écoles militaires préparatoires.

L'établissement, la transmission, l'instruction et le classement des mémoires de proposition de ces candidats ont lieu d'après les règles fixées au chapitre VI pour l'admission des candidats qui sont déjà enfants de troupe. Toutefois, la déclaration modèle n° 1 n'est pas fournie.

Les tableaux de classement, conformes au modèle n° 8 *bis*, doivent parvenir au Ministre (Direction de l'Infanterie, ou Direction des troupes coloniales) le 1er août au plus tard.

Article 28. L'immatriculation de ces candidats a lieu dans les conditions fixées à l'article 11, pour les enfants de troupe dans la famille.

CHAPITRE VIII.

ADMISSIONS AU TITRE DE LA LOI DU 28 JUIN 1929.

Article 29. Les fils des réservistes peuvent être admis aux écoles militaires préparatoires dans la limite des places disponibles, et lorsque les demandes formulées par les ayants droit de la loi du 19 juillet 1884 ont été satisfaites.

Les admissions sont prononcées dans l'ordre de priorité indiqué ci-dessous :

1° Les fils, pupilles de la Nation ou non pupilles, des réservistes mobilisés pendant la guerre 1914-1918 et réformés pensionnés de guerre;

2° Les fils des réservistes titulaires de la Légion d'honneur ou de la médaille militaire pour faits de guerre, ou cités;

3° Les fils des réservistes ayant au moins cinq enfants vivants ou ayant vécu simultanément;

4° Les fils des réservistes des autres catégories.

Article 30. Les fils des réservistes sont soumis aux conditions d'instruction, d'aptitude physique et d'âge imposées aux bénéficiaires de la loi du 19 juillet 1884 qui sont indiquées aux articles 23 et 27 ci-dessus.

Les pièces à fournir à l'appui des demandes sont les mêmes que celles prévues aux articles 5, 23 et 24 pour les demandes d'admission au titre de la loi du 19 juillet 1884.

La transmission, l'instruction et le classement des mémoires de proposition ont également lieu d'après les règles fixées aux chapitres VI et VII, pour l'admission des candidats au titre de la loi du 19 juillet 1884. Toutefois, le tableau de classement des demandes des fils de réservistes doit être conforme au modèle n° 9.

Les conseils d'administration qui instruisent les demandes doivent éviter de proposer l'admission dans les écoles militaires préparatoires, comme fils de réservistes (loi du 28 juin 1929), de candidats qui satisfont aux conditions exigées pour les enfants de troupe (loi du 19 juillet 1884).

Article 31. L'immatriculation des candidats de cette catégorie admis aux écoles militaires préparatoires est faite dans les conditions prévues à l'article 11. Cependant, pour éviter toute erreur ultérieure dans le calcul du montant du remboursement à exiger des familles, si l'intéressé ne contracte pas l'engagement auquel il est astreint, la mention « fils de réserviste » est toujours inscrite sur les contrôles des corps.

CHAPITRE IX.

RÉPARTITION DES ÉLÈVES ENTRE LES ÉCOLES, MISE EN ROUTE.

Article 32. Quelle que soit l'arme d'origine du père, les enfants admis dans les écoles militaires préparatoires sont affectés, en principe, à l'école la plus proche du domicile des parents ou du tuteur. Les affectations aux écoles sont prononcées par le Ministre de la guerre, qui statue également sur les changements d'école demandés par les parents pendant la durée des études ou reconnus nécessaires dans l'intérêt des élèves ou de la discipline.

Article 33. Le Ministre fait connaître en temps utile aux généraux commandant les régions et aux commandants supérieurs des troupes à quelles écoles les candidats admis sont affectés, ainsi que la date à laquelle ils devront se présenter aux commandants de ces établissements.

L'admission est prononcée à titre provisoire. Elle ne devient définitive que si l'élève obtient une moyenne suffisante à l'examen d'incorporation qui est subi à l'arrivée à l'école.

Article 34. Les enfants admis aux écoles ont droit, à compter du jour de leur mise en route, à une solde spéciale et aux prestations allouées aux soldats de 2e classe.

Les conseils d'administration informent les familles des mesures qu'elles ont à prendre pour que les élèves rejoignent les écoles.

En ce qui concerne les élèves résidant aux colonies, les conseils d'administration prennent les dispositions nécessaires pour que les enfants soient soumis, avant leur embarquement, à l'examen approfondi d'un médecin militaire. Cet examen devra mettre en œuvre, entre autres, toutes recherches utiles en vue du dépistage des sujets atteints, particulièrement de maladies infectieuses ou parasitaires (formes frustes, atypiques, etc...) observées dans les régions où ces maladies sont endémiques. Le cas échéant, l'embarquement sera différé et des propositions seront adressées au Ministre, en vue d'une radiation des contrôles.

Article 35. Après l'immatriculation des élèves, les dossiers sont transmis aux commandants des écoles. Les enfants continuent à figurer sur les contrôles du corps jusqu'au jour de leur engagement volontaire ou de leur radiation des contrôles des écoles. Ils participent au bénéfice des legs et fondations attribués à ce corps.

Article 36. Les enfants de troupe que les parents refusent de laisser entrer dans les écoles militaires préparatoires et les élèves qui quittent ces établissements pour une cause autre que la radiation pour inaptitude physique sont rayés des contrôles des corps et inscrits au carnet spécial.

TITRE IV.

Admission à l'Ecole militaire enfantine Hériot.

CHAPITRE X.

CONDITIONS D'ADMISSION.

Article 37. Les candidats à l'école militaire enfantine fondée par le commandant Hériot y sont admis dans les conditions suivantes :

a) Par priorité, les orphelins de père ou de mère, fils de sous-officiers, caporaux ou brigadiers et soldats, enfants de troupe de l'armée de terre;

b) A défaut de candidats de cette catégorie et dans la limite des places disponibles, peuvent être admis dans cet établissement, dans l'ordre de priorité indiqué ci-dessous :

1° Les enfants de troupe orphelins de père ou de mère, fils d'officiers subalternes et assimilés de l'armée de terre;

2° Les enfants de troupe, non orphelins, fils de sous-officiers, caporaux ou brigadiers et soldats, de l'armée de terre, appartenant à une famille d'au moins quatre enfants vivants ou ayant vécu simultanément;

3° Les enfants de troupe, non orphelins, fils d'officiers subalternes et assimilés de l'armée de terre, appartenant à une famille d'au moins six enfants vivants ou ayant vécu simultanément;

4° Les enfants de troupe, non orphelins, fils de mutilés de l'armée de terre titulaires d'une pension d'invalidité d'au moins soixante-dix pour cent.

Article 38. Les candidats à cette école doivent être âgés de 5 ans au moins et de 13 ans au plus au 1er août de l'année d'admission.

CHAPITRE XI.

INSTRUCTION DES DEMANDES.

Article 39. Les demandes d'admission, établies par les parents ou tuteurs conformément au modèle n° 10 et accompagnées des pièces énumérées à l'article 5, sont adressées et transmises dans les mêmes conditions que les demandes d'admission aux écoles militaires préparatoires.

Les demandes concernant des candidats déjà enfants de troupe sont obligatoirement adressées aux corps d'immatriculation.

Aux dossiers sont joints :

1° Un rapport individuel établi après enquête du conseil d'administration, sur la situation de famille du candidat. Le rapport indiquera, notamment, la moralité des parents et de l'enfant.

2° Un certificat du directeur de l'établissement où l'enfant a commencé ses études, indiquant le degré d'instruction du candidat.

Article 40. Les mémoires de proposition d'admission à l'école militaire enfantine Hériot, établis conformément au modèle n° 4, sont soumis à la commission régionale, en même temps que les demandes d'admission aux écoles militaires préparatoires. Ils sont examinés par la commission et classés sur un tableau spécial (modèle n° 11) qui est transmis au Ministre (Direction de l'Infanterie ou Direction des troupes coloniales), pour le 1er août au plus tard, *accompagné des dossiers* des candidats.

Article 41. Le Ministre prononce les admissions à l'école Hériot, et en informe les généraux commandant les régions et les commandants supérieurs des troupes. Les dossiers des candidats admis, qui sont déjà enfants de troupe, sont adressés par le Ministre au commandant de l'école. Les dossiers des candidats admis, mais qui ne sont pas encore enfants de troupe, sont retournés aux généraux commandant les régions, aux fins d'immatriculation, dans les conditions prévues à l'article 11 de la présente instruction. Ces dossiers sont ensuite adressés directement au commandant de l'école par les corps d'immatriculation.

Les dossiers des candidats non admis sont retournés aux généraux commandant les régions, qui les font parvenir aux conseils d'administration intéressés. Ceux-ci avisent les familles des motifs qui se sont opposés à l'admission des enfants.

CHAPITRE XII.

MISE EN ROUTE DES ENFANTS ADMIS A L'ÉCOLE HÉRIOT.

Article 42. Les enfants admis à l'école militaire enfantine Hériot rejoignent cet établissement à la date fixée par le Ministre.

A partir du jour de leur mise en route, ils ont droit à la solde et aux prestations allouées aux élèves des écoles militaires préparatoires, auxquels ils sont assimilés. Ils continuent également à figurer sur les contrôles des corps jusqu'au jour de leur engagement dans l'armée.

L'allocation pour enfant de troupe cesse d'être payée aux familles du jour de la mise en route des intéressés sur l'école Hériot.

Les prescriptions de l'article 34, relatives à la visite avant l'embarquement des enfants résidant aux colonies, sont également applicables à ceux qui sont admis à cette école.

Article 43. Dès que les parents sont informés de l'admission des enfants, ils font connaître immédiatement à l'autorité militaire s'ils ont l'intention de les conduire eux-mêmes à l'école, à La Boissière (Seine-et-Oise), à la date prescrite. Dans l'affirmative, il leur est délivré une feuille de déplacement pour l'enfant et à son nom (1).

Les enfants que les parents ne peuvent conduire eux-mêmes sont dirigés sur l'école par les soins des conseils d'administration. Ceux-ci avisent les familles des dispositions qu'ils ont prises et font accompagner les enfants jusqu'à l'école.

---

(1) Les enfants admis à l'école militaire enfantine Hériot y seront conduits jusqu'à la gare d'Epernon (Eure-et-Loir), où un gradé de service donnera aux familles tous les renseignements nécessaires.

MODÈLES.

1. Demande d'admission en qualité d'enfant de troupe (article 5).
2. Certificat constatant la situation de famille de l'enfant (article 5).
3. Certificat d'aptitude physique (article 5).
4. Mémoire de proposition (articles 7, 27, 30 et 40).
5. Tableau de classement des demandes d'admission à la qualité d'enfant de troupe dans la famille (article 10).
6. Situation des enfants de troupe au 1er juillet (article 21).
7. Demande d'admission dans une école militaire préparatoire (article 24).
8. Tableau de classement des demandes d'admission aux écoles militaires préparatoires (candidats déjà enfants de troupe) (article 26).

8 *bis*. Tableau de classement des demandes d'admission aux écoles militaires préparatoires (candidats non encore enfants de troupe, mais qui satisfont aux conditions fixées par la loi du 19 juillet 1884 et l'article 2 de l'instruction) (article 27).

9. Tableau de classement des demandes d'admission aux écoles militaires préparatoires (candidats fils de réservistes qui satisfont aux conditions de la loi du 28 juin 1929) (article 30).
10. Demande d'admission à l'école militaire enfantine Hériot (article 39).
11. Tableau de classement des demandes pour l'admission à l'école militaire enfantine Hériot (article 40).

Instruction ministérielle du 10 mars 1930 (Art. 5)

MODÈLE N° 1.

Format 21/32.

DEMANDE D'ADMISSION
EN QUALITÉ D'ENFANT DE TROUPE.

Le soussigné (1)
demeurant à (2)
rue , canton , département

demande l'admission en qualité d'enfant de troupe du jeune (3)
son (4)

Il s'engage à :

1° Lui faire donner l'instruction nécessaire pour qu'il puisse obtenir le certificat d'études primaires élémentaires sans lequel il ne pourrait être admis dans les écoles militaires préparatoires;

2° Consentir à son admission ultérieure dans l'une de ces écoles;

3° Adresser au conseil d'administration du corps sur les contrôles duquel l'enfant de troupe sera immatriculé, la justification que ce dernier a contracté un engagement volontaire de cinq ans le jour où il a atteint 18 ans;

4° Verser au Trésor la moitié des allocations reçues pour l'enfant si ce dernier, ayant atteint sa dix-huitième année, ne voulait pas s'engager ou si le consentement nécessaire lui était refusé.

A , le 19 .

(5)

Vu pour la légalisation,

(1) Nom et prénoms du signataire.
(2) Domicile du signataire.
(3) Nom et prénoms de l'enfant.
(4) Fils ou pupille.
(5) Signature du père ou tuteur.

Instruction ministérielle du 10 mars 1930. (Art. 5.)

MODÈLE N° 2.

Format 21/32.

CERTIFICAT concernant M. (1) *, domicilié à* *, rue* *, canton* *département* *, qui sollicite l'admission de son* (2) *comme enfant de troupe dans la famille ou dans une école militaire préparatoire* (3)

MOYENS D'EXISTENCE DE LA FAMILLE OU DU TUTEUR. — Industrie ou emploi ; produit annuel ; traitement militaire, civil, Légion d'honneur ; médaille militaire ; pension ; revenu foncier ; rentes sur l'État ; charges de la famille ; contributions.	MORALITÉ DE LA FAMILLE et de l'enfant.	DÉSIGNATION DES ENFANTS. — Indiquer tous les enfants (y compris le candidat) quand même ils seraient placés hors de la famille. Signaler ceux qui seraient boursiers ou demi-boursiers, ou déjà enfants de troupe dans la famille ou dans une école militaire préparatoire.				OBSERVATIONS. — Si le candidat est orphelin, indiquer la date du décès de ses parents.
		NOM et prénoms.	AGE.	SEXE.	POSITION ou situation.	

A , le . (4)

Le Maire,

(1) Nom et prénoms du pétitionnaire.
(2) Fils ou pupille, nom et prénoms du candidat.
(3) Rayer la mention inutile.
(4) Ce document doit avoir moins de trois mois de date au moment de la constitution du dossier.

Instruction
ministérielle du
10 mars 1930.
(Art. 5.)

MODÈLE N° 3.

Format 21/32.

CERTIFICAT D'APTITUDE PHYSIQUE

DÉLIVRÉ PAR UN MÉDECIN MILITAIRE OU PAR UN MÉDECIN CIVIL CONVENTIONNÉ PAR LE SERVICE DE SANTÉ.

Après avoir visité minutieusement le jeune (1)
né le ,
le soussigné (2)
(3)
déclare que cet enfant (4)
et qu'il n'est atteint d'aucune maladie ou infirmité pouvant l'empêcher de contracter plus tard un engagement volontaire dans l'armée.

A , le 19 .

(5)

---

(1) Nom et prénoms de l'enfant.
(2) Nom du médecin.
(3) Grade et affectation du médecin ou fonctions remplies par le médecin conventionné.
(4) A eu la petite vérole *ou* a été vacciné.
(5) Signature du médecin.

NOTA. — Cette pièce devra avoir moins de trois mois de date au moment de la présentation de la demande qu'elle accompagne.

e RÉGION.

La présente proposition a été établie sur la demande du sieur (1) ,(2) , de l'enfant, demeurant à , rue , canton , département .

e REGIMENT D

MODÈLE N° 4.
sur feuille double formant chemise.
Format 21/32.

Instruction ministérielle du 10 mars 1930.
(Art. 7, 27, 30 et 40.)

PIÈCES A L'APPUI :

DÉSIGNATION.	Observations.
1° Déclaration du père ou tuteur (3) modèle n° ;	
2° Certificat du maire ;	
3° Bulletin de naissance de l'enfant ;	
4° Bulletin de mariage des parents ;	
5° Etat signalétique et des services du père ;	
6° Certificat d'aptitude physique ;	
7° Certificat d'études primaires élémentaires (4) ;	
8° Rapport du conseil d'administration (5).	

MÉMOIRE DE PROPOSITION

pour l'admission (6) *du jeune* , *né le* *à* , *canton* , *département* , *fils de* *et de* , *mariés le* , *à* , *canton* , *département* .

SERVICES MILITAIRES DU PÈRE.	SITUATION DE LA FAMILLE. — Age. — Position. — Moyens d'existence. — Date du décès des parents, s'il y a lieu.	DÉSIGNATION DES ENFANTS. — Age. — Sexe. — Profession ou situation.
Durée des services au 31 décembre courant (interruptions déduites) : ans. — mois.	Le père :	1er enfant :
Grade actuel ou au départ du service actif :	— La mère :	2e enfant :
— Campagnes :	— Ressources de la famille :	3e enfant :
— Blessures :	— Charges de la famille :	Etc.
— Décorations :	— Moralité de la famille :	
— Motifs de la cessation du service (indiquer le corps où il a quitté le service) :	—	

(1) Nom et prénoms.
(2) Père ou tuteur.
(3) Pour l'admission comme enfant de troupe modèle n° 1, dans une école militaire préparatoire modèle n° 7. ; à l'école Hériot modèle n° 10.
(4) Pour une demande d'admission dans une école militaire préparatoire seulement.
(5) Ce rapport n'est exigé que pour l'admission à l'école militaire enfantine Hériot.
(6) En qualité d'enfant de troupe dans la famille, dans une école militaire préparatoire, ou à l'école militaire enfantine Hériot.

AVIS DU CONSEIL D'ADMINISTRATION chargé d'instruire la demande :

A , le 19

Le Président du conseil d'administration,

Instruction ministérielle du 10 mars 1930. (Art. 10).

MODÈLE N° 5.

Format 21/32.

ANNÉE 19 .

e RÉGION.

TABLEAU DE CLASSEMENT

des demandes d'admission en qualité d'enfant de troupe dans la famille.

Vu et transmis :

A , le 19 .

Le Général commandant la e région,

N° d'ordre.	TOTAL des POINTS attribués au candidat par la commission.	NOMS et PRÉNOMS.	DATE de la NAISSANCE.	DÉSIGNATION DU CORPS		NOMS ET PRÉNOMS		
				qui a instruit la demande.	auquel appartient le père ou auquel il appartenait au moment de sa libération.	du PÈRE.	de la MÈRE.	du TUTEUR.
1	2	3	4	5	6	7	8	9

DATE DU DÉCÈS		RÉGION sur le TERRITOIRE de laquelle résident les parents.	ADRESSE COMPLÈTE DU PÈRE ou du représentant légal. Ressources et charges de famille.	OBSERVATIONS.
du PÈRE	de la MÈRE.			MOTIF RÉGLEMENTAIRE prévu par l'article 2 de l'instruction ouvrant à l'enfant le droit de concourir pour une place d'enfant de troupe.
10	11	12	13	14

A , le .

Le Président de la Commission de classement,

Instruction ministérielle du 10 mars 1930. (Art. 21)

CORPS
ou
SERVICE.

MODÈLE N° 6.

Format 21/32.

SITUATION NUMÉRIQUE DES ENFANTS DE TROUPE au 1er juillet 19 .

MOUVEMENT.	ENFANTS DE TROUPE APPARTENANT AUX SÉRIES INDIQUÉES CI-DESSOUS ET PERCEVANT EFFECTIVEMENT L'ALLOCATION.											OBSERVATIONS.
Situation au 1er juillet de l'année précédente…………………												
Augmentation (1)…………………												
TOTAL…………												
Pertes (1)…………………												
Situation au 1er juillet de l'année en cours…………………												

(1) Voir les mutations au verso.

A , le juillet 19 .

Le

MUTATIONS.

AUGMENTATIONS.			PERTES.		
SÉRIES.	NOMS ET PRÉNOMS.	MOTIF de la MUTATION.	SÉRIES.	NOMS ET PRÉNOMS.	MOTIF de la MUTATION.

Instruction ministérielle du 10 mars 1930. (Art. 24.)

MODÈLE N° 7.

DEMANDE d'admission d'un enfant dans une école militaire préparatoire.

Le soussigné (1)

demeurant à (2)

demande l'admission dans une école militaire préparatoire du jeune (3) son (4)

Il déclare en outre que :

1° Il consent à l'engagement ultérieur de l'enfant dans les conditions stipulées par l'article 5 de la loi du 19 juillet 1884.

2° Il a pris connaissance de la clause dudit article, dont un extrait figure au verso de la présente demande, qui autorise le Ministre de la guerre, si l'enfant est retiré ou exclu de l'école, s'il refuse de s'engager pour cinq ans ou s'il n'obtient pas de ses parents ou de son tuteur le consentement nécessaire, à faire exercer contre lui ou sur la fortune personnelle de l'enfant, le recouvrement, soit *de la moitié des frais* payés par l'Etat (allocations d'enfant de troupe et frais d'entretien dans les écoles cumulés) si l'enfant est admis au titre de la loi du 19 juillet 1884, soit *de la totalité des frais d'entretien dans les écoles* consentis par l'Etat, si l'enfant est admis au titre de la loi du 28 juin 1929 (fils de réserviste).

3° Il s'engage, si l'enfant quitte l'école militaire préparatoire avant 18 ans, pour tout autre cause que pour inaptiude physique, à faire parvenir au conseil d'administration du corps sur les contrôles duquel l'enfant est inscrit, la justification que celui-ci a contracté un engagement volontaire de cinq ans au moment où il a atteint 18 ans.

4° Il est prévenu que, quel que soit le moment du retrait ou de l'exclusion de l'élève, le recouvrement des frais ne pourra s'exercer avant que l'enfant, ayant atteint 18 ans, refuse de s'engager pour cinq ans.

Toutefois, si l'élève, titulaire de la première partie du baccalauréat, poursuit ses études en vue de se présenter aux grandes écoles militaires, le recouvrement ne pourra s'exercer qu'au moment où l'intéressé, ayant atteint l'âge maximum pour se présenter aux derniers concours, refusera de s'engager pour cinq ans.

5° Il consent à la vaccination antitypho-paratyphique de l'enfant et aux vaccinations d'entretien.

A , le 19

(5)

Vu pour la légalisation,

---

(1) Nom et prénoms du signataire.
(2) Domicile du signataire.
(3) Nom et prénoms de l'enfant.
(4) Fils ou pupille.
(5) Signature du père ou tuteur.

EXTRAIT *de l'article 5 de la loi du* 19 *juillet* 1884 *modifiée par les lois du* 15 *avril* 1892 *et* 28 *juin* 1929.

A l'âge de 18 ans, minimum fixé par la loi de recrutement pour l'admission des engagés volontaires, les élèves des écoles préparatoires reconnus aptes au service militaire sont appelés à contracter un engagement de cinq ans.

L'élève engagé entre dans l'armée comme soldat.

Celui qui refuse de s'engager est immédiatement rendu à ses parents et le Ministre de la guerre est autorisé à exercer, soit sur leur traitement, soit sur les ressources personnelles de l'enfant, une répétition égale à la moitié des frais d'entretien payés par l'Etat.

Le prélèvement opéré dans ces conditions sur le traitement des parents (solde d'activité ou pension de retraite) ou les ressources personnelles de l'enfant, ne pourra excéder, par an, le dixième du montant de ce traitement ou de ces ressources.

En ce qui concerne les fils des réservistes qui ne contracteraient pas l'engagement de cinq ans indiqué ci-dessus, le Ministre de la guerre exerce, soit sur le traitement ou les ressources des parents, soit sur les ressources personnelles de l'enfant, la répétition de la totalité des frais consentis par l'Etat pour l'entretien de ces élèves.

En outre, les élèves des écoles militaires préparatoires admis à se présenter aux concours des grandes écoles militaires pourront ne contracter l'engagement de cinq ans qu'après avoir participé aux derniers concours qui leur sont ouverts en raison de leur âge. Le dit engagement de cinq ans n'est pas souscrit par les jeunes gens qui sont astreints à contracter, à leur entrée dans les grandes écoles militaires, un engagement d'une durée supérieure à cinq ans. Par contre, il est souscrit, à l'exclusion de tout autre, par les jeunes gens qui sont astreints à contracter, à leur entrée dans ces écoles, un engagement d'une durée inférieure à cinq ans (loi du 28 juin 1929).

Instruction ministérielle du 10 mars 1930. (Art. 26.)

MODÈLE N° 8.

Format 21/32.

ANNÉE 19 .

e RÉGION.

TABLEAU DE CLASSEMENT

des demandes d'admission aux écoles militaires préparatoires au titre de la loi du 19 juillet 1884.

(Candidats déjà enfants de troupe dans la famille.)

VU ET TRANSMIS :

, le 19 .

Le Général commandant la e Région

NUMÉRO D'ORDRE	TOTAL des POINTS ATTRIBUÉS au candidat par la Commission	CORPS DE TROUPE sur les contrôles duquel l'enfant est immatriculé.	NOMS ET PRÉNOMS.	DATE de la NAISSANCE.	ADRESSE DU PÈRE OU DU REPRÉSENTANT LÉGAL. Monsieur à rue n° département	POSSÈDE le CERTIFICAT d'études primaires.	OBSERVATIONS.
1	2	3	4	5	6	7	8
PREMIÈRE PARTIE. — *Enfants à admettre dans les écoles militaires préparatoires, ayant été l'objet d'une demande et possédant le certificat d'études primaires et le certificat d'aptitude physique.*							
DEUXIÈME PARTIE. — *Enfants ayant été l'objet d'une demande d'admission, possédant le certificat d'aptitude physique, mais n'ayant pas obtenu le certificat d'études primaires.*							
TROISIÈME PARTIE. — *Enfants rayés des contrôles par application de l'article 25 de l'instruction.*							
QUATRIÈME PARTIE. — *Enfants de troupe nés postérieurement au 31 juillet de l'année et titulaires du certificat d'études primaires et du certificat d'aptitude physique.*							

A , le 19

Le Président
de la Commission de classement,

Instruction ministérielle du 10 mars 1930. (Art. 27.)

Modèle n° 8 *bis*.

Format 21/32.

ANNÉE 19 .

e RÉGION

TABLEAU DE CLASSEMENT

des demandes d'admission aux écoles militaires préparatoires au titre de la loi du 19 *juillet* 1884.

(Candidats non encore enfants de troupe, mais qui satisfont aux conditions fixées par la loi précitée et l'article 2 de l'instruction.)

Vu et transmis :

A , le 19 .

Le Général commandant la e *Région*,

N° d'ordre.	TOTAL des points attribués au candidat par la commission.	NOMS et PRÉNOMS.	DATE de la NAISSANCE.	DÉSIGNATION DU CORPS		NOMS ET PRÉNOMS.		
				qui a instruit la demande	auquel appartient le père ou auquel il appartenait au moment de sa libération.	du PÈRE.	de la MÈRE.	du TUTEUR.
1	2	3	4	5	6	7	8	9

DATE DU DÉCÈS		RÉGION sur le TERRITOIRE de laquelle résident les parents.	ADRESSE COMPLÈTE DU PÈRE ou du représentant légal Ressources et charges de famille.	POSSÈDE le CERTIFICAT d'études primaires.	OBSERVATIONS.
du PÈRE.	de la MÈRE.				Motif réglementaire prévu par l'article 2 de l'instruction, ouvrant à l'enfant le droit de concourir pour une place d'enfant de troupe.
10	11	12	13	14	15

PREMIÈRE PARTIE. — *Enfants réunissant les conditions d'âge (13 ans révolus et moins de 14 ans au 1er août) et d'aptitude intellectuelle requises.*

DEUXIÈME PARTIE. — *Enfants qui ne réunissent pas encore les conditions d'âge requises, mais qui sont titulaires du certificat d'études primaires élémentaires où aptes à entrer en classe de 5e secondaire.*

A , le 19 .

Le Président de la Commission de classement,

Instruction ministérielle du 10 mars 193). (Art. 30)

Modèle n° 9.

Format 21/32.

année 19 .

e RÉGION.

TABLEAU DE CLASSEMENT

des demandes d'admission aux écoles militaires préparatoires au titre de la loi du 28 juin 1929.

(Fils de réservistes.)

Nota. — Les demandes doivent être classées par catégorie d'ayants droits dans l'ordre de priorité fixé par la loi du 28 juin 1929 (article 29 de l'instruction).

Vu et transmis,

A , le 19 .

Le Général commandant la • région,

N° d'ordre.	TOTAL des points attribués au candidat par la commission.	NOMS et prénoms.	DATE de la naissance.	DÉSIGNATION du corps.		NOMS ET PRÉNOMS.			DATE DU DÉCÈS		RÉGION sur le territoire de laquelle résident les parents.	ADRESSE complète du père ou du représentant légal Ressources et charges de famille.	POSSÈDE le certificat d'études primaires.	OBSERVATIONS. Motif réglementaire prévu par l'article 29 de l'instruction, ouvrant à l'enfant le droit de concourir pour l'admission dans une école militaire préparatoire.
				qui a instruit la demande	auquel appartient le père ou auquel il appartenait au moment de sa libération.	du père.	de la mère.	du tuteur.	du père.	de la mère.				
1	2	3	4	5	6	7	8	9	10	11	12	13	14	15
Première partie. — *Enfants réunissant les conditions d'âge (13 ans révolus et moins de 14 ans au 1er août) et d'aptitude intellectuelle requises.*														
Deuxième partie. — *Enfants qui ne réunissent pas encore les conditions d'âge requises, mais qui sont titulaires du certificat d'études primaires élémentaires ou aptes à entrer en classe de 5e secondaire.*														

A　　　　, le　　　　19 .

Le Président de la Commission de classement,

n struction ministérielle du 10 mars 1930. (Art. 39.)

Modèle n° 10.

Format 21/32.

Demande d'admission à l'école militaire enfantine Hériot.

Le soussigné (1)
demeurant à (2) , rue ,
canton de , département ,
demande l'admission à l'école militaire enfantine Hériot du jeune (3)
son (4)

Il déclare avoir connaissance des dispositions suivantes :

1° Si le candidat est enfant de troupe dans la famille, l'allocation annuelle cessera de lui être versée du jour de la mise en route de l'enfant sur l'école militaire enfantine Hériot.

2° A l'âge de 13 ans, l'enfant sera admis dans une école militaire préparatoire s'il satisfait aux conditions exigées.

3° Le soussigné consent à la vaccination antitypho-paratyphique de l'enfant et aux vaccinations d'entretien.

A , le 19 .

(5)

Vu pour la légalisation :

---

(1) Nom et prénoms du signataire.
(2) Domicile du signataire.
(3) Nom et prénoms de l'enfant.
(4) Fils ou pupille.
(5) Signature du père ou tuteur.

Instruction ministérielle du 10 mars 1930. (Art. 40.)

MODÈLE Nº 11.

Format 21/32.

ANNÉE 19 .

e RÉGION

TABLEAU DE CLASSEMENT

des demandes d'admission à l'Ecole militaire enfantine Hériot

NOTA. — Les demandes doivent être classées par catégorie d'ayants droit dans l'ordre de priorité fixé par l'article 37 de l'instruction.

Vu et transmis,

A , le 19 .

Le Général commandant la e région,

NUMÉRO D'ORDRE de mérite.	TOTAL des POINTS attribués au candidat par la commission.	NOMS et PRÉNOMS.	DATE de la NAISSANCE.	DÉSIGNATION DU CORPS qui a INSTRUIT la demande.	DÉSIGNATION DU CORPS auquel appartient LE PÈRE ou auquel il appartenait au moment de sa libération.
1	2	3	4	5	6

NOMS ET PRÉNOMS du PÈRE.	NOMS ET PRÉNOMS de la MÈRE.	NOMS ET PRÉNOMS du TUTEUR.	DATE DU DÉCÈS du PÈRE.	DATE DU DÉCÈS de la MÈRE.	RÉGION sur le territoire de laquelle résident les parents.	ADRESSE COMPLÈTE du père ou du représentant légal. Ressources et charges de famille.	Le CANDIDAT est-il déjà enfant de troupe dans la famille.	OBSERVATIONS. Motif réglementaire prévu par l'article 37 de l'instruction, ouvrant à l'enfant le droit de concourir pour l'admission à l'école Hériot.
7	8	9	10	11	12	13	14	15

, le 19

Le Président
de la Commission de classement.

Imprimerie militaire
CHARLES-LAVAUZELLE & Cie
PARIS, LIMOGES, NANCY

www.ingramcontent.com/pod-product-compliance
Ingram Content Group UK Ltd.
Pitfield, Milton Keynes, MK11 3LW, UK
UKHW020451180726
13839UKWH00004B/1754